Das sagen die Experten zu diesem Buch:

»Corona, dieses aufgeblasene Newcomervirus! Grade mal ein Jahr alt und schon schreibt es seine Autobiografie. Sowas kann ich doch nicht ernst nehmen.«
Influenza-A-Virus H1N1, genannt die Spanische Grippe

»Bin voll stolz! Mein Brudi schreibt'n Buch!!! Echt wyld, wie weit er es in so kurzer Zeit gebracht hat.«
Sars-Cov-1

»Ich hatte viel vor diese Saison ... aber wegen Corona haben alle dauernd die Hände gewaschen. Das hat mir die ganze Jahresbilanz versaut! Ich hoffe das Buch wird ein Flop.«
Norovirus

Ein verlagsneues Buch kostet in ganz Deutschland und Österreich jeweils dasselbe. Das liegt an der gesetzlichen Buchpreisbindung, die dafür sorgt, dass die kulturelle Vielfalt erhalten und für die Leser:innen bezahlbar bleibt. Also: Egal ob im Internet, in der Großbuchhandlung, beim lokalen Buchhändler, im Dorf oder in der Stadt – überall bekommen Sie Ihre verlagsneuen Bücher zum selben Preis.

MIX
Aus verantwortungsvollen Quellen
FSC www.fsc.org FSC® C023577

Dieses Buch ist auf Papier gedruckt, für das nur Holz aus nachhaltiger Forstwirtschaft verwendet wurde.

Klimaneutral
Druckprodukt
ClimatePartner.com/13916-1911-1001

Dieses Buch wurde klimaneutral produziert. Wir unterstützen dafür das Waldschutzprojekt in April Salumei in Papua-Neuguinea, wo der, auch für das Klima so wichtige, Regenwald die Lebensgrundlage der indigenen Bevölkerung ist.

Text, Bild und Handlettering: Lilli L'Arronge

Printed in Slovakia
ISBN: 978-3-96428-099-2
www.jacobystuart.de

DAS GEHEIME Tagebuch eines MIESEN VIRUS

nach einer wahren Begebenheit

von

Lilli L'Arronge

JACOBY STUART

TEIL 1

MÄRZ 2020

IN DEM ICH EUCH IN MEINE MIESEN, ABER GENIALEN PLÄNE EINWEIHE, UM DANN VON DER IMMUNABWEHR KRASS EINS AUF DIE RÜBE ZU KRIEGEN.

MIT DABEI:

DER HEIßESTE SCHEIß AM VIRENHIMMEL. HEIMTÜCKISCH, UNBERECHENBAR, BRILLANT!

MEIN ERSTES OPFER.

MACHT ALLES KALT, WAS KEINE EIGENE KÖRPERZELLE IST

SOWAS WIE DIE MÜLLABFUHR DES KÖRPERS

DIE KANN ECHT KEIN VIRUS LEIDEN. WARUM? DAZU SPÄTER MEHR...

ABER JETZT ERSTMAL ZU MIR...

HALLO! MEIN NAME IST VIRUS-CORONA VIRUS
SCHLAUMEIER NENNEN MICH AUCH SARS-COV-2 ABER MAL EHRLICH: WAS'N DAS FÜR'N VERKA××TER NAME?
ALS VIRUS HAB' ICH ZWAR EINEN NAMEN, ABER KEIN GEHIRN. AUCH KEINEN MAGEN UND SCHON GAR KEIN HERZ.
ICH KANN AUCH NICHT LAUFEN- ABER DAFÜR FLIEGEN! UND ZWAR IN EINEM SCHICKEN SPEICHEL-TRÖPFCHEN.
MIT BLOßEM AUGE NICHT ZU SEHEN

WENN MENSCHEN NAH ZUSAMMEN SIND, KANN ICH SO KOMFORTABEL UND UNBEMERKT VON EINEM ZUM ANDER'N REISEN.
Hallo Lisa!
Hallo!
BEIM NIESEN GEHT'S BESONDERS SCHNELL – MIT BIS ZU 900 km/h! YEEHAAA!
NEUER MENSCH-NEUES GLÜCK! ICH BIN AUF DER SUCHE NACH EINER ZELLE, DIE MICH VERMEHRT!

AAH – EIN PRACHT-EXEMPLAR! UND VOLLKOMMEN AHNUNGSLOS.
HAB' ICH DICH!
FUMP
HUCH!
WAS WOLLEN SIE VON MIR?
ACH, KEINE GROßE SACHE. DU SOLLST NUR EIN PAAR VON MEINER SORTE HERSTELLEN.
WARUM?
ICH WUSSTE, DASS DU DAS FRAGEN WÜRDEST.

DIE ANTWORT IST: WEIL ICH'S NICHT KANN. ICH BIN NICHT MAL EIN LEBEWESEN.
OH, DAS WUSSTE ICH NICHT.
ABER DU, DU BIST MEINE RETTUNG! SPÜRST DU AUCH DIESE BESONDERE VERBINDUNG?
WOW! ICH SPÜR'S AUCH!
DANN LASS' UNS MITEINANDER VERSCHMELZEN!
AU JA! KOMM' REIN!
DER ALTE TRICK - KLAPPT IMMER WIEDER!

SO – GENUG GEKUSCHELT. HIER KOMMT DIE BAUANLEITUNG "CORONAVIRUS DOIYO."
INTERESSANT, DA FANG' ICH GLEICH AN.
RNA
ALSO, WIE GEHT DAS JETZT... 1. UND 2. REIHE GLATT RECHTS STRICKEN...
RNA
GEHT DAS ETWAS SCHNELLER? ICH WILL DOCH NOCH DIE GANZE WELT INFIZIEREN!
ICH BEEIL' MICH JA SCHON!
AH JA! SO IST'S BESSER.

SEEHR GUUT!
PUH, ICH KANN NICHT MEHR... RÖCHEL
HI, MEIN NAME IST VIRUS...
...CORONA-VIRUS!
AH, DA IST JA EINE SCHÖNE ZELLE ZUM ANDOCKEN!
KENNEN WIR UNS?
HAB' DICH
NA-STRICKST DU GERNE?
JA
ALLES LÄUFT NACH PLAN!
WAS FÜR EIN PLAN?
ALSO, PASS' AUF: ALS ERSTES GREIFE ICH ZELLEN IM HALS AN.

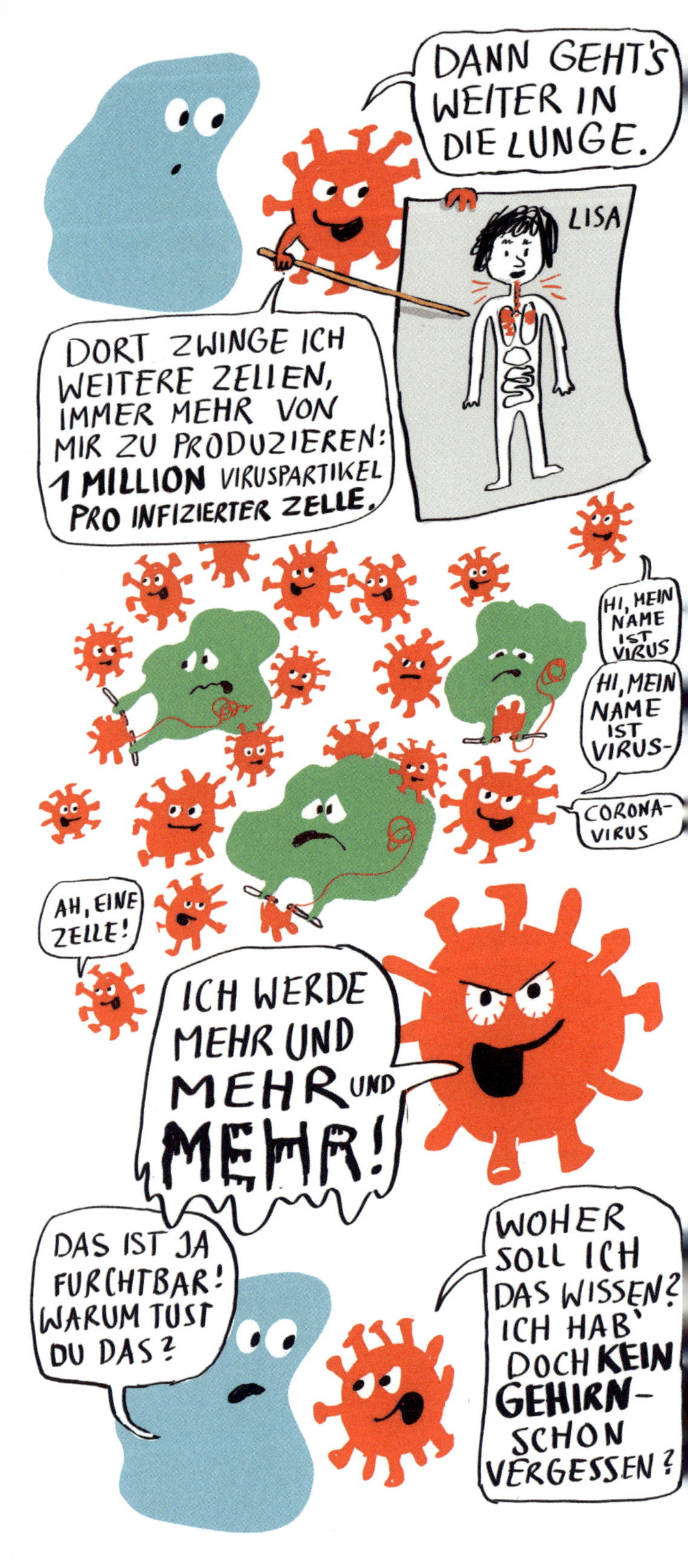
DANN GEHT'S WEITER IN DIE LUNGE.
LISA
DORT ZWINGE ICH WEITERE ZELLEN, IMMER MEHR VON MIR ZU PRODUZIEREN: 1 MILLION VIRUSPARTIKEL PRO INFIZIERTER ZELLE.
HI, MEIN NAME IST VIRUS
HI, MEIN NAME IST VIRUS-
CORONA-VIRUS
AH, EINE ZELLE!
ICH WERDE MEHR UND MEHR UND MEHR!
DAS IST JA FURCHTBAR! WARUM TUST DU DAS?
WOHER SOLL ICH DAS WISSEN? ICH HAB' DOCH KEIN GEHIRN - SCHON VERGESSEN?

SCHLUSS MIT DEM GELABER! JETZT KOMMEN WIR!
AHA.
ERZITTERE VOR ANGST, DENN DEINE STUNDE HAT GESCHLAGEN!
WAS BIST'N DU FÜR EIN FREAK?
ICH BIN DIE KILLERZELLE!
UND ICH HAB' MEINE BESTIS VON DER IMMUNABWEHR DABEI!
EINER FÜR ALLE, ALLE FÜR EINEN!
WANN GIBT'S MITTAG-ESSEN?
DIE ANTIKÖRPER
DIE FRESSZELLE

VOR EUCH SOLL ICH ANGST HABEN? ECHT JETZT?
KLAR
UND WARUM NOCH GLEICH?
WEIL ICH SEIT DEM FRÜHSTÜCK NICHTS GEGESSEN HAB'.
UND WAS GIBT'S ZUM MITTAGESSEN?
LECKER VIRUS!
OH. DAS LÄUFT ANDERS ALS GEPLANT.

KNURPS
RÜLPS
DAS WAR MEGA! LUST AUF MEHR?
IMMER!
AUF SIE MIT GEBRÜLL!
OH, NEIN! NEHMT DIE BEINE IN DIE HAND!

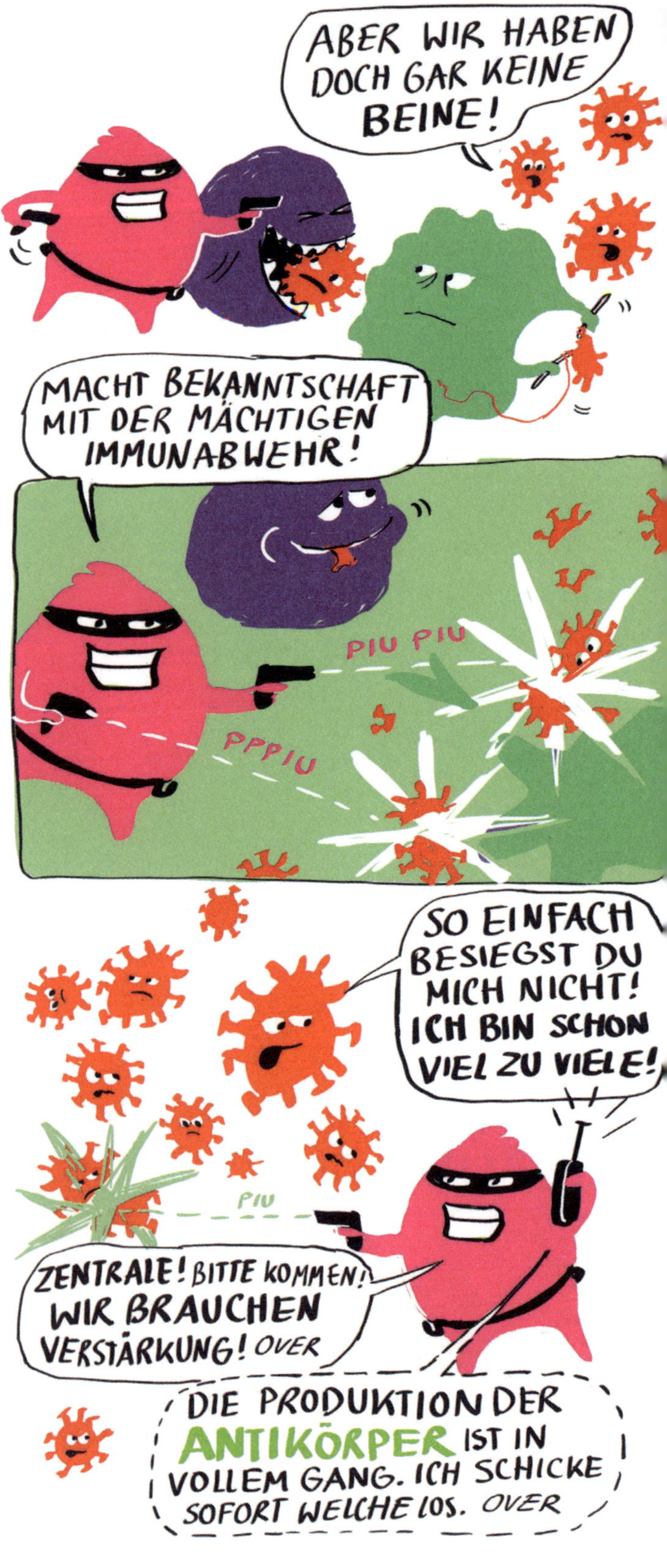
ABER WIR HABEN DOCH GAR KEINE BEINE!
MACHT BEKANNTSCHAFT MIT DER MÄCHTIGEN IMMUNABWEHR!
PIU PIU
PPPIU
SO EINFACH BESIEGST DU MICH NICHT! ICH BIN SCHON VIEL ZU VIELE!
PIU
ZENTRALE! BITTE KOMMEN! WIR BRAUCHEN VERSTÄRKUNG! OVER
DIE PRODUKTION DER ANTIKÖRPER IST IN VOLLEM GANG. ICH SCHICKE SOFORT WELCHE LOS. OVER

SPÄTER:
UND DA SIND WIR AUCH SCHON – BEREIT ZUM EINSATZ!
ABER WAS WOLLT IHR LAUCHFIGUREN MIT EUREN KOMISCHEN ANTENNEN?
DAS SIND UNSERE ANTIGEN-BINDUNGS-STELLEN.
UND WAS SOLL DAS SEIN – IHR KLEINEN BESSERWISSIS?
DAMIT PASSEN WIR GENAU AUF DEINE LUSTIGEN SPIKES*.
* SPRICH: „SPEIKS"
STIMMT! VOLL KRASS! HAHA – DAS KITZELT!
FÜR DICH IMMER!
IST HIER NOCH FREI?

OKAY – SIEHT SCHICK AUS, ABER WIE SOLL ICH JETZT AN DIESE BIOLOGISCH EINLADENDE ZELLE ANDOCKEN?
NA EBEN GAR NICHT!
HAHA
HOHOHO
LOL
HA HA
HIHI
BOAHAHA
JA WIRKLICH, SEEHR WITZIG …
WIE SOLL ICH EUCH DANKEN? IHR HABT MICH DAVOR BEWAHRT, IN EINE VIRUS-STRICKENDE ZOMBIEZELLE VERWANDELT ZU WERDEN!
NIX ZU DANKEN! DAFÜR SIND WIR VON DER IMMUNABWEHR DOCH DA.
ENDE VON TEIL 1

TEIL 2

APRIL 2020

IN DEM ICH VERSUCHE,
EINEN WEITEREN MENSCHEN
ZU INFIZIEREN,
DABEI IM GEBIRGE LANDE
UND EINEN TSUNAMI
ÜBERLEBE.

MIT DABEI:

IM VERGLEICH
ZU MIR SIND
SIE GIGANTISCH,
UND SIE KÖNNEN
SICH SELBST
VERMEHREN
(WILL ICH AUCH –
NEID!)

PPIU
PIU
WEITER SO! GEMEINSAM SCHAFFEN WIR DAS!
ICH GLAUBE, ES IST ZEIT HIER ZU VERDUFTEN ...
HALLO SPEICHEL-TAXI! TAXI-I-I-I!!
OOCH! DU WILLST SCHON GEHEN?
EINMAL ZUR NÄCHSTEN NASE, BITTE. ODER MUND GEHT AUCH.
UND DA IST CORONA WIEDER UNTERWEGS! UNAUFHALTSAM DABEI, DIE WELT ZU EROBERN! HAHAHAHAHAA!
Hallo Joschi!

Hallo Lisa!
OH, NEIN! ER IST ZU WEIT WEG!
MAYDAY- MAYDAY- NOTLANDUNG AUF DEM TISCH!!
ARG!
WOBBL
ÄH, KÖNNTE MAL JEMAND SO NETT SEIN UND DEN TISCH ABLECKEN?

ODER WOLLT IHR MICH HIER ELENDIG VERSCHRUMPELN LASSEN?
WAS IST DAS FÜR EIN SCHATTEN? IST DAS ETWA...
...EINE HAND?!
AHH! ICH BLEIBE KLEBEN!

KRASSER FALTEN-WURF ALTER! DAS IS' JA DAS MEGA GEBIRGE!
WENN DU SCHON MAL IN DEN BERGEN WARST, WEIẞT DU, WIE ICH MICH HIER GERADE FÜHLE...
KLICK
OBWOHL... NICHT GANZ... DIESES GEBIRGE IST VOLL VON GIGANTISCHEN BAKTERIEN, PILZEN UND VIREN – PRO HAND MEHRERE MILLIONEN DAVON!!
HOWDY!
Bakterien
Bakterien
VIREN
PILZE
ALSO STELL' DIR VOR, DU BIST IN DEN BERGEN UND NEBEN DEN MILLIONEN TOURISTEN IST ALLES VOLL MIT 30 METER GROẞEN DINOS... DANN WEIẞT DU UNGEFÄÄHR WIE ICH MICH HIER FÜHLE.
AHH!

ABER ICH WILL JA KEINEN BERGURLAUB MACHEN. ICH WILL JA IN DEN KÖRPER. NUR DORT KANN ICH MEINEN MIESEN MACHENSCHAFTEN NACHGEHEN.
GEEIGNETE EINGÄNGE SIND: NASE, AUGEN ODER MUND. DORT SIND DIE SCHLEIMHÄUTE – DIE HEIßEN SO, WEIL SIE IMMER FEUCHT UND SCHLEIMIG SIND – SO VOLL ROTZ, TRÄNEN UND SPUCKE.
DANKE FÜR DIESE WAHNSINNIG SPANNENDEN INFOS. FÜR MICH ZÄHLT ABER NUR EINS...
...WIE KOMM' ICH DAHIN?

MACH' DIR KEINE SORGEN.
ACH, UND WARUM NICHT?
JOSCHI STECKT SICHER GLEICH WIEDER SEINEN FINGER IN DIE NASE. ER LIEBT ES ZU POPELN.
DU HAST GLÜCK, ES GEHT SCHON LOS!
ICH FREU' MICH SO! MEINE GANG WOHNT GANZ OBEN – HAB' SIE EWIG NICHT GESEHEN!
KENNST DU DA AUCH EIN PAAR NETTE ZELLEN? DIE WÜRDE ICH GERNE NÄHER KENNENLERNEN, HEHE!
JOSCHI! DU SOLLST DOCH NICHT POPELN!!
UPS!

OCH NÖÖ! DIE ALTE SPAß-BREMSE HAT SCHON WIEDER ALLES VERDORBEN.
MANNO.
JETZT MUSST DU DIR DIE HÄNDE WASCHEN.
SCHON WIEDER?
DAS HÖRT SICH NICHT GUT AN...
ISSES AUCH NICHT. HÖRST DU DAS RAUSCHEN?
JA. WAS IST DAS?

SCHWAPP
DAS IST DER TSUNAMI!!!!!
ACH DU SCH×××E!
AHHH!
KLEMM' DICH IN 'NE HAUT-FALTE!
MAMA!
GURGEL

AUF JOSCHIS HAND NACH DEM WASCHEN MIT WASSER:
KRASS! ICH BIN NOCH DA!
WAS MEINST DU - ISSES VORBEI?
DAS SOLL'S GEWESEN SEIN? BITTE NOCHMAL UND DIESMAL MIT SEIFE! UND DENK' AN DAS LIED!
GRRR.
SCH
ICH HAB' DAS GEFÜHL, DA KOMMT NOCH WAS. UND DIE ZWEITE WELLE SOLL JA IMMER DIE SCHLIMMSTE SEIN...
ALSO ICH GLAUBE, ICH BIN ECHT DAS STÄRKSTE VIRUS AUF DER WELT IM MOMENT...
...ALSO ICH WÜSSTE NICHT, WAS MICH AUFHALTEN SOLLTE... ALSO NENN' MIR EIN VIRUS, DAS EINEN TSUNAMI ÜBERLEBT HAT. ICH BIN UNBESIEGBAR!

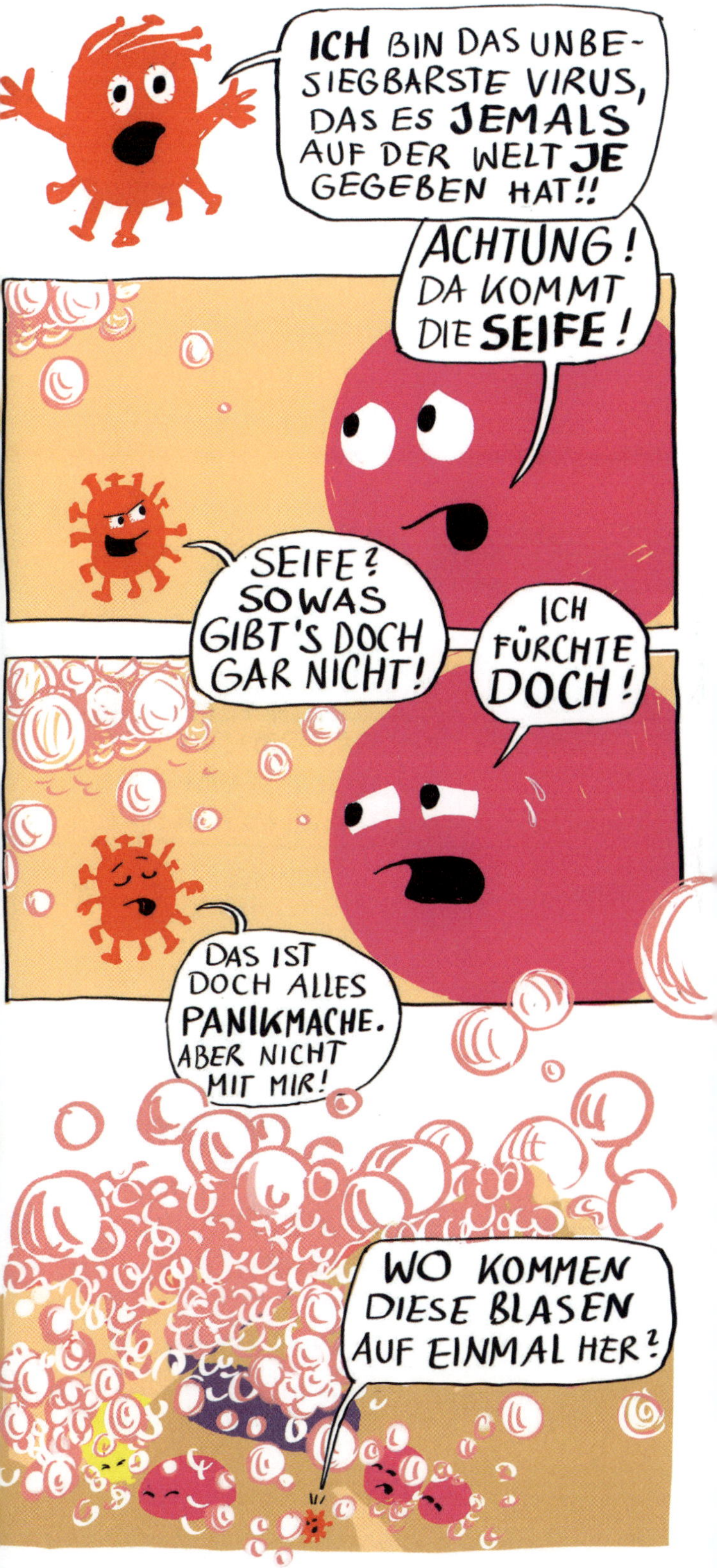
ICH BIN DAS UNBESIEGBARSTE VIRUS, DAS ES JEMALS AUF DER WELT JE GEGEBEN HAT!!
ACHTUNG! DA KOMMT DIE SEIFE!
SEIFE? SOWAS GIBT'S DOCH GAR NICHT!
ICH FÜRCHTE DOCH!
DAS IST DOCH ALLES PANIKMACHE. ABER NICHT MIT MIR!
WO KOMMEN DIESE BLASEN AUF EINMAL HER?

ÄH, DAS BRENNT SO IN DEN AUGEN.
WAS PASSIERT MIT MIR?
DIE SEIFE LÖST DEINE HÜLLE AUF.
ABER OHNE MEINE HÜLLE BIN ICH ERLEDIGT! AUSGESCHALTET! DEAKTIVIERT!
OHNE MEINE SPIKES LÄSST MICH KEINE ZELLE MEHR REIN...
HUCH! DAS IST JETZT ABER PEINLICH - SO UNVERHÜLLT...
OK - ICH KUCK' WEG.

ICH HASSE SEIFE!!
HA-PPY
HÖRST DU AUCH DAS LIED?
B II-RTH-D-AAY
KLINGT NACH PARTY!
DAS WIRD DANN WOHL EINE ABSCHIEDS-PARTY.
TO OOOOO
ABER ICH BIN BEREIT. HIER HÄLT MICH SOWIESO NICHTS MEHR...
YOOOUUU
AAARRR...

GURGL
...SCHBOMBÄÄÄ!
AUF JOSCHIS HAND NACH DEM WASCHEN MIT WASSER UND SEIFE:
AH, ENDLICH MAL WIEDER RICHTIG VIEL PLATZ!
TJA, DAS WAR WOHL KEIN SO GUTER TAG. ABER ICH GEBE NICHT AUF. NUR WEIL EIN PAAR VON MIR IM ABFLUSS GELANDET SIND? MITTLERWEILE SOLLTET IHR MICH BESSER KENNEN...
...MEINE METHODE IST EINFACH, ABER EFFEKTIV. IMMERHIN HAB' ICH'S DAMIT BIS INS WEIßE HAUS GEBRACHT!
DA SIEHT MAN MAL WIEDER, WIE WEIT MAN ES OHNE GEHIRN BRINGEN KANN...
ENDE VON TEIL 2

TEIL 3

OKTOBER 2020

IN DEM ICH WIEDER MAL VERSUCHE, VON EINEM MENSCH ZUM NÄCHSTEN ZU KOMMEN.
DIESMAL PER AEROSOL.
ABER DUMMERWEISE IN EINEM KLASSENZIMMER...

MIT DABEI:

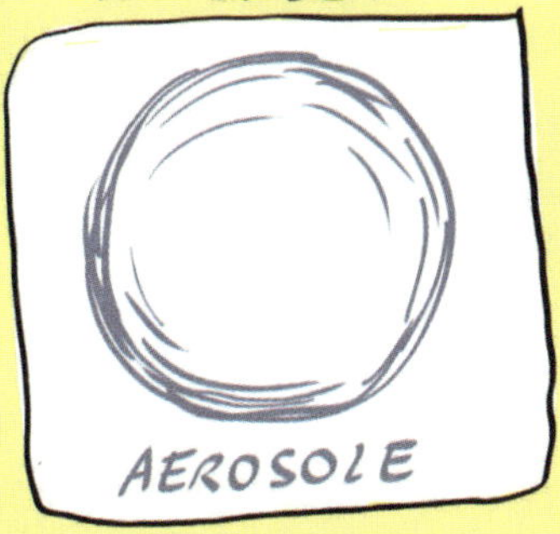

UNSICHTBARE, KLEINE TRÖPFCHEN, DIE IN DER LUFT SCHWEBEN.

HI! DA BIN ICH WIEDER. HAB' DOCH GLEICH GESAGT, DASS IHR MICH NICHT SO SCHNELL LOS-WERDET...
WAS? DU FREUST DICH GAR NICHT? ICH DACHTE, DU HÄTTEST DICH MITTLERWEILE AN MICH GEWÖHNT!
AN DIESE SCH××MASKEN WERD ICH MICH NIE GEWÖHNEN.
BOAH, ERZÄHL DAS MIR! DAUERND IST MEINE BRILLE BESCHLAGEN.
UND ÜBERHAUPT DIESE GANZEN BLÖDEN CORONA-VORSCHRIFTEN. ICH WILL MICH ENDLICH MAL WIEDER MIT MEINEN FREUNDEN TREFFEN!

VERSTEHE. UND INS KINO WÜRDEST DU SICHER AUCH GERNE MAL WIEDER GEHN...
JA GENAU! UND INS TRAMPOLINLAND UND ZUM KARATE-TRAINING...
ICH WÜRDE SO GERNE MAL WIEDER INS SCHWIMMBAD!
AH! SCHWIMMBAD! DA BIN ICH AUCH SO GERN! UND WISST IHR, WAS ICH RICHTIG VERMISSEN WERDE?
KARNEVAL! DA HATTE ICH SO VIEL SPAß LETZTES JAHR...

JA, DAS WAREN NOCH ZEITEN... ICH HATTE LEICHTES SPIEL...
DA WAR SO EIN BIERZELT... HUNDERTE HAB' ICH ANGESTECKT... AN EINEM TAG!
NA GUT. HAB'S WOHL ÜBERTRIEBEN. DENN DANACH FING DAS MIT DIESEM LOCK-DOWN AN. DANN KAMEN DIE FIESEN MASKEN UND DAS DÄMLICHE LÜFTEN...
DABEI HAB' ICH MIR EXTRA DIESE GENIALE SACHE MIT DEN AEROSOLEN DAZUGEBUCHT.
IN DER WERBUNG KLANG DAS ALLES SEHR VIELVERSPRECHEND!

WERBEPAUSE
SIND SIE EIN VIRUS? SIND SIE EHRGEIZIG? STREBEN SIE NACH GRÖßTMÖGLICHEM INFEKTIONSGESCHEHEN?
UND DAS BEI MAXIMALEM KOMFORT FÜR SIE UND IHRE BIS ZU 200 MILLIONEN MITREISENDEN VIRUSPARTIKEL!
DANN FLIEGEN SIE MIT:
AEROSOL
UNSERE FLOTTE AN SCHWEBENDEN NANO-TRÖPFCHEN STEHT IHNEN 24 STUNDEN AM TAG ZUR VEFÜGUNG!
SIE KÖNNEN WÄHLEN ZWISCHEN:
50-5000 TRÖPFCHEN PRO ATEMZUG
BIS HIN ZU
30 000 TRÖPFCHEN PRO NIESEN oder HUSTEN
MIT AEROSOL BLEIBEN SIE IN INNENRÄUMEN
1-2 STUNDEN IN DER LUFT.*
* HINWEIS: DURCH REGELMÄßIGES LÜFTEN VERRINGERT SICH DIESER WERT AUF MINUTEN BIS SEKUNDEN

ZUFRIEDENE KUNDEN UND SPITZENBEWERTUNGEN SPRECHEN FÜR SICH!
SEIT JAHRHUNDERTEN VERBREITE ICH MICH HÖCHST ERFOLGREICH PER AEROSOL. DAS HAT MIR SOGAR DEN SPITZNAMEN „WINDPOCKEN" EINGEBRACHT. REISEN MIT AEROSOL KANN ICH ALSO JEDEM AUFSTREBENDEM VIRUS NUR EMPFEHLEN!
TOP REZENSENT
VARIZELLA ZOSTER
»ECHTER NAME«
VERTRAUEN SIE UNS! WIR BRINGEN SIE SICHER UND UNBEMERKT VON ANTON NACH BERTA. GARANTIERT!*
AEROSOL
feiner kann keiner!
* HINWEIS:
DIE GARANTIE VERFÄLLT, WENN A UND B DRAUßEN SIND.
ODER MINDESTENS ALLTAGSMASKEN TRAGEN.
ODER MINDESTENS 1,5 m ABSTAND HALTEN.
ODER SICH WENIGER ALS 15 MINUTEN MITEINANDER AUFHALTEN.
ODER DER RAUM REGELMÄßIG GELÜFTET WIRD.
Ende der Werbepause
ACH! DAS ROTGEDRUCKTE LES' ICH ZUM ERSTEN MAL... OB ICH MIR SORGEN MACHEN SOLLTE?

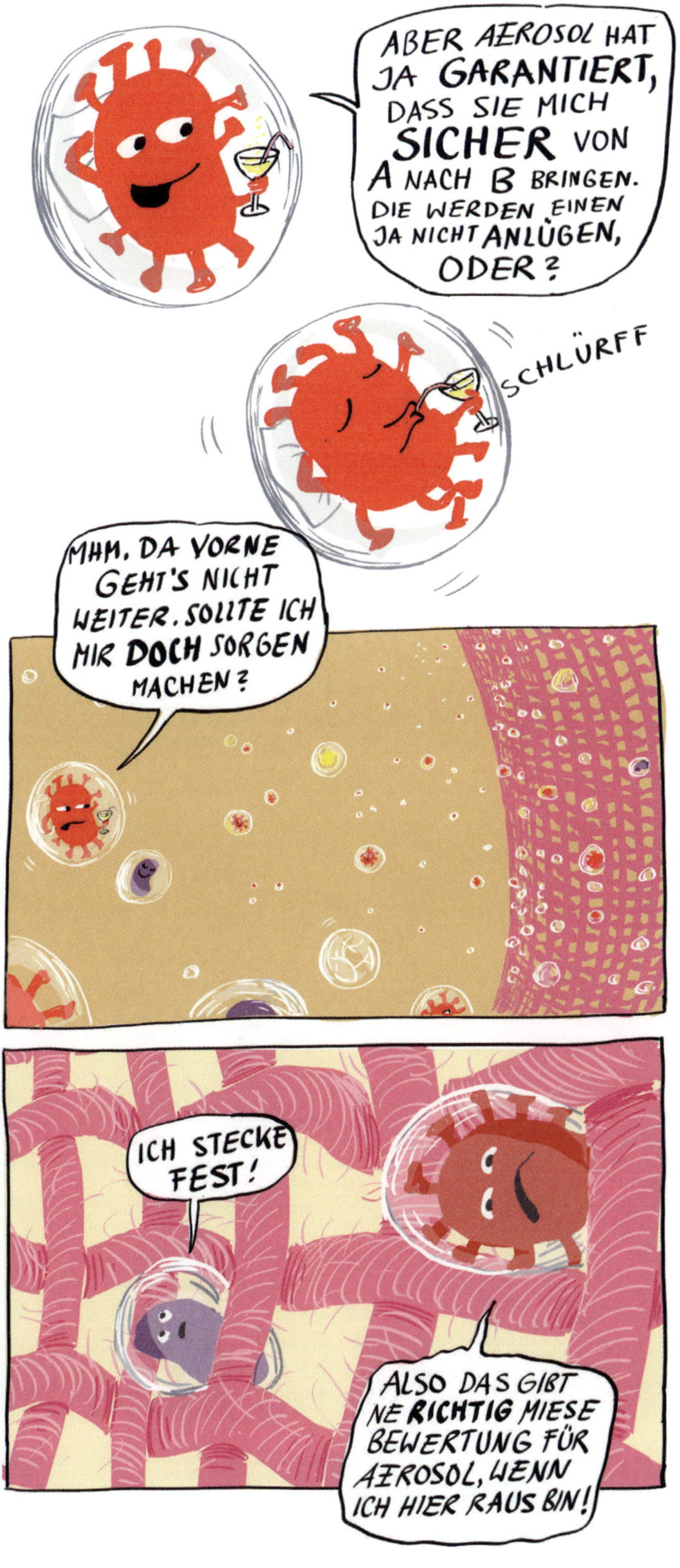
ABER AEROSOL HAT JA GARANTIERT, DASS SIE MICH SICHER VON A NACH B BRINGEN. DIE WERDEN EINEN JA NICHT ANLÜGEN, ODER?
SCHLÜRFF
MHM. DA VORNE GEHT'S NICHT WEITER. SOLLTE ICH MIR DOCH SORGEN MACHEN?
ICH STECKE FEST!
ALSO DAS GIBT NE RICHTIG MIESE BEWERTUNG FÜR AEROSOL, WENN ICH HIER RAUS BIN!

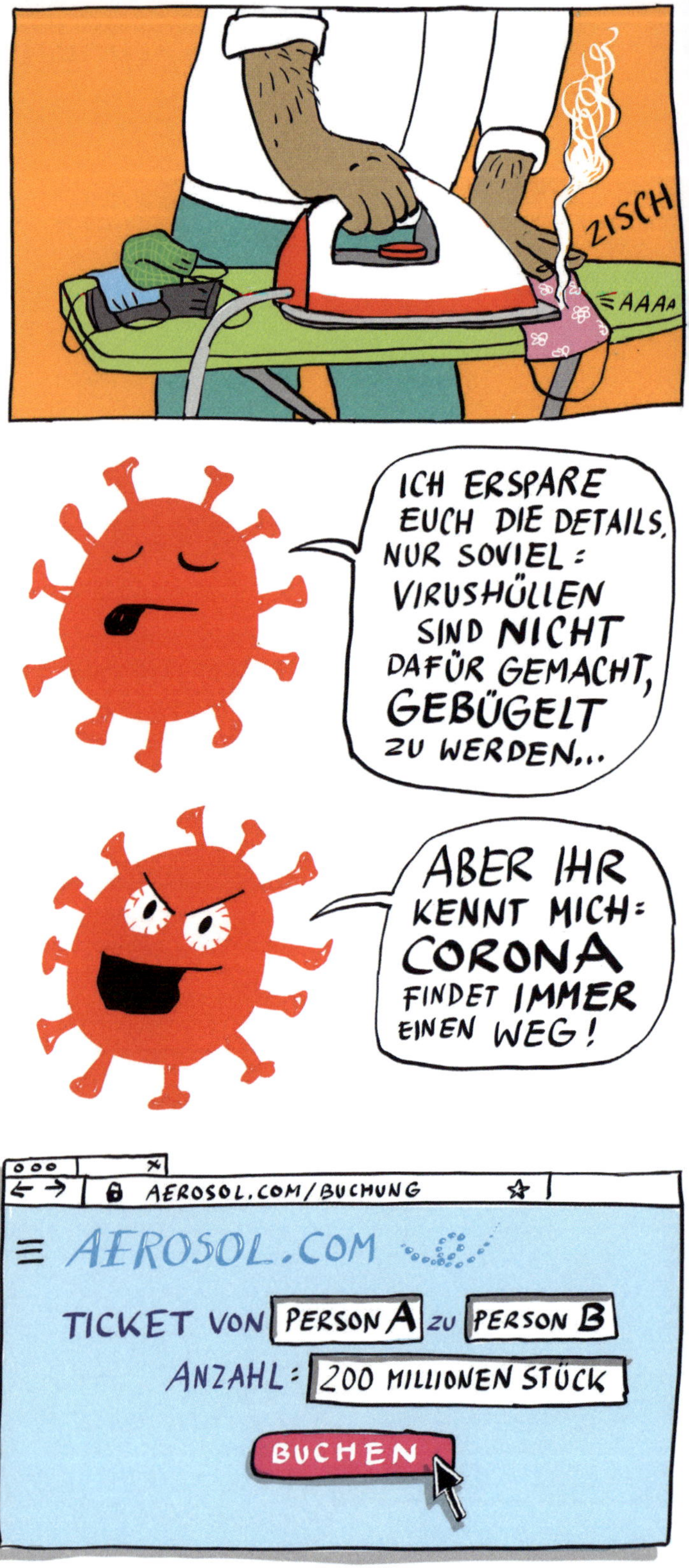
ZISCH
AAAA
ICH ERSPARE EUCH DIE DETAILS. NUR SOVIEL: VIRUSHÜLLEN SIND NICHT DAFÜR GEMACHT, GEBÜGELT ZU WERDEN...
ABER IHR KENNT MICH: CORONA FINDET IMMER EINEN WEG!
AEROSOL.COM/BUCHUNG
AEROSOL.COM
TICKET VON PERSON A ZU PERSON B
ANZAHL: 200 MILLIONEN STÜCK
BUCHEN

DIESMAL SIEHT'S GUT AUS! NOCH ETWAS HÖHER BITTE...
STRIKE!
RRRRING
RRRING
SCHON WIEDER? ES IST DOCH SO KALT!
JABBA-DABBA-DU! JETZT GEHT ES ABER KRASS AB HIER!

ICH BIN SCHON GESPANNT, BEI WEM ICH LANDEN KANN !!
HE! NICHT SO NAH ANS FENSTER!
DIE VON AEROSOL KÖNNEN SICH AUF WAS GEFASST MACHEN!
AEROSOL.COM/BUCHUNG
AEROSOL.COM
IHRE MEINUNG IST UNS WICHTIG!
BITTE BEWERTEN SIE IHREN FLUG MIT AEROSOL.
KLICK

TEIL 4

DEZEMBER 2020

IN DEM MIR MEIN KOLLEGE, DAS MASERNVIRUS, DEN GANZEN SCH××× MIT DEM IMPFSTOFF VERKLICKERN WILL.

MIT DABEI:

← VOLL MEIN VORBILD.
LÖST EINE FIESE KRANKHEIT MIT FIEBER UND ROTEN PUSTELN AM GANZEN KÖRPER AUS.

← VOLL DER FAKE! SIEHT AUS WIE EIN FIESER VIRUS, KANN ABER: NIX. LÖST KEINE KRANKHEIT AUS!

VOR DER MUSS ICH MICH VERSTECKEN. WENN SIE EINEN VIRUS ENTDECKT, FRISST SIE IHN UND BRINGT IHN IN DIE ZENTRALE.

AUCH SCHLIMM FÜR MICH: DIE KANN EINEN VIRUSALARM AUSLÖSEN!

NOCH VIEL SCHLIMMER: KANN ABWEHR-KÖRPER GEGEN VIREN HERSTELLEN

GRRRR! WENN DIESE DURCHGELÜFTETEN MASKENKINDER NICHT WÄREN, KÖNNTE ICH SOOO VIEL WEITER SEIN!
JA, JA... FRÜHER WAR ALLES BESSER.
ACH, HALLO MASERNVIRUS, ALTES HAUS! IMMER WILD AM RUMINFIZIEREN?
EHER NICHT SO. DER GANZ GROßE INFEKTIONSHERD IST BEI MIR WOHL FÜR IMMER AUS.
LABER NICHT! DU WARST DOCH VOLL DIE KRASSE KILLERMASCHINE!
LANGE HER. ICH SAG' NUR EINS: IMPFSTOFF.

STOFF? ICH HOFFE MAN KANN KEINE MASKEN DRAUS NÄHEN.
NEIN. DAS IST DER STOFF, AUS DEM MEINE SCHLIMMSTEN ALPTRÄUME SIND!
WIR VIREN TYRANNISIEREN DIE ERDE SCHON SEIT ES LEBEN GIBT (ODER SOGAR LÄNGER), UND DU LÄSST DICH VON 'NEM IMPFSTOFF ERSCHRECKEN?
DAS HAT DAS POCKEN-VIRUS AUCH GESAGT...
ABER DANN WURDEN ALLE MENSCHEN GEGEN DIE POCKEN GEIMPFT UND DAS VIRUS... ES... ES HATTE KEINE CHANCE MEHR SICH ZU VERMEHREN.
POLIO 2
1999
R.I.P.
POLIO 3
† 2019
HIER RUHEN »DIE POCKEN«
AUSGEROTTET
† 1979

OKAY, DAS IST ECHT HEFTIG.
MIT MIR HABEN SIE DAS GLEICHE VOR!
ABER WIE MACHT DER IMPFSTOFF DAS?
ER HILFT UNSEREM ÄRGSTEN FEIND: DER IMMUN-ABWEHR!
OJE! DIE KENN' ICH.
DER IMPFSTOFF LÖST EINE ART PROBE-ALARM AUS. UND WENN ICH DANN IN ECHT KOMME ERKENNEN DIE MICH SOFORT...
AGENT V
MISSION TO MASERN
SIND SIE BEREIT?
JAWOHL, SIR!

OKAY! DANN AUF IN DEN MUSKEL-FERTIG-LOS!
AUA.
DA WÄREN WIR ALSO. SIE KENNEN DIE MISSION.
JA. WIR LASSEN UNS VON WÄCHTER-ZELLEN AUFGREIFEN.
GUT. DANN SCHWÄRMEN SIE AUS. VIEL ERFOLG!
DANKE, LEBEN SIE WOHL.
WORAN ICH DIE WÄCHTER-ZELLE WOHL ERKENNE?

GUTEN TAG! SIE SEHEN WIE EINE WÄCHTERZELLE AUS.
STIMMT! UND DU SIEHST VERDAMMT VERDÄCHTIG AUS.
HALT' MAL STILL, ICH MUSS MAL EBEN DEINE ANTIGENE ABTASTEN.
SEHR WOHL.
FUMMEL
MHM, KOMMEN MIR NICHT BEKANNT VOR. WER BIST DU?
ICH BIN EIN IMPSTOFF GEGEN DAS MASERNVIRUS.
MASERNVIRUS? KENN' ICH NICHT
DESHALB BIN ICH HIER, UM SIE DAVOR ZU WARNEN.

UND DAS SOLL ICH DIR GLAUBEN?
NEIN.
BRINGEN SIE MICH EINFACH ZUR ZENTRALE!
DAS WIRD EINEN ALARM AUSLÖSEN!!
SOLL ES JA AUCH.
NA GUT. DANN KOMM' MAL MIT, FREUNDCHEN!

SPÄTER IN DER ZENTRALE:
HOWDY, T-ZELLE! KUCK MAL, WAS ICH DA AUFGEGABELT HABE.
HÄ?
OKAY, ZEIG MAL HER.
FUMMEL
PASST NICHT. BIN ICH ALSO NICHT ZUSTÄNDIG.
UND WAS SOLL ICH JETZT MACHEN?
EINE T-ZELLE FINDEN, DIE ZUSTÄNDIG IST. VIEL GLÜCK!

WIEDER ETWAS SPÄTER:
HI, BIST DU FÜR UNS ZUSTÄNDIG?
NÖ. PASST NICHT.
FUMMEL
HE B-ZELLE! DU KANNST DOCH ANTIKÖRPER HERSTELLEN! WIR BRÄUCHTEN WELCHE GEGEN DEN HIER.
TUT MIR TOTAL LEID! ANTIKÖPER GEGEN DIESES VIRUS DARF ICH ECHT NUR AUF BEFEHL DER T-ZELLEN HERSTELLEN.
OH JE, DAS DAUERT JA ALLES EWIG! WENN DU EIN GEFÄHRLICHES VIRUS BIST, KÖNNTE ALLES ZU SPÄT SEIN!
MACHEN SIE SICH DOCH NICHT INS HEMD! ICH BIN JA NUR DER IMPFSTOFF... WIR HABEN ALSO GENUG ZEIT!

VIELE WEITERE ABSAGEN SPÄTER:
HALLO. DU BIST UNSERE LETZTE HOFFNUNG!
AHA. DA PRÄSENTIEREN SIE MIR ABER EIN SPANNENDES ANTIGEN.
ENDLICH!
PASST PERFEKT! ICH WERDE SOFORT DIE B-ZELLEN ALARMIEREN!
MISSION ERFÜLLT!
ALARM
ALARM
TIPP TIPP
ALLE B-ZELLEN IN BEREITSCHAFT!

ALLE B-ZELLEN IN BEREITSCHAFT!!
OK, EINE WICHTIGE NACHRICHT!
BING
T-ZELLE
ONLINE
AN ALLE B-ZELLEN: PRODUKTION VON ANTIKÖRPERN SOFORT STARTEN!
ANTIKÖRPER
150 kda
JUCHU! ENDLICH KANN ES LOSGEHEN!
LOS GEHT'S!

SO. IHR SEID STARTKLAR!
HER MIT DEM VIRUS!
UND JETZT GANZ WICHTIG: DEN BAUPLAN ABSPEICHERN.
WENN ICH DAS MASERNVIRUS DANN DAS NÄCHSTE MAL TREFFE, KANN ICH SOFORT MIT DER ARBEIT ANFANGEN UND MUSS NICHT AUF DIE T-ZELLEN WARTEN.
BAUPLAN für SPEZIFISCHE ANTIKÖRPER
MASERN-VIRUS
LEBENSLANG SPEICHERN
OK

ABER BIS DAHIN MACH ICH ERST-MAL PAUSE.
GUTE ARBEIT, KOLLEGEN! JETZT, NACH UNGEFÄHR 10 TAGEN, IST DIESES KIND ALSO IMMUN.
UND WAS PASSIERT MIT UNS?
DIE IMMUNABWEHR WIRD UNS VERNICHTEN ALS WÄREN WIR GEFÄHRLICHE VIREN.
OH, MANN. ALS HELD DES GESUNDHEITS-SYSTEMS HÄTTE ICH ZUMINDEST APPLAUS ERWARTET.
WARUM HABEN DIE COOLEN JOBS IMMER EINEN HAKEN?
NEHMT DAS, IHR SCHURKEN!
PIU

SEHR LANGE ZEIT DANACH IM SELBEN KÖRPER:
MHM, MAL SEHEN OB ICH HIER GLÜCK HABE UND DIE SIND NOCH NICHT VORGEWARNT...
HALLO, DU DA! SAG' MAL STRICKST DU GERNE?
WIE? WAS? WER IST DA?
MEIN NAME IST MASERN, ICH BRÄUCHTE DEINE HILFE...
HA! DICH KENN' ICH DOCH!
FUMMEL
O NEIN...

DA STAUNST DU, WAS? ICH BIN NÄMLICH EINE GEDÄCHTNISZELLE!
UND JETZT, WO DU MICH GEWECKT HAST, FÄLLT MIR AUCH SOFORT EIN, WAS ICH MIR GEMERKT HABE.
ICH AHNE SCHLIMMES.
NÄMLICH WIE ICH ANTIKÖRPER FÜR DICH BAUE!
GRRR!
KUCK, SIE PASSEN PERFEKT!
ICH FREU' MICH.

UND JETZT WIRD'S RICHTIG MEGA! PASS' AUF!
ICH KLONE MIR EINE ZWILLINGSSCHWESTER! DIE WEIß UND KANN DAS GLEICHE WIE ICH.
ZUSAMMEN SIND WIR NOCH SCHNELLER!
WAS FÜR EIN ALPTRAUM!
UND WIR KLONEN UNS WEITER.

IN EINER WOCHE SIND AUS EINER ZELLE 5000 B-ZELLENKLONE GEWORDEN!
AH! LECKER ANTIKÖRPER-PANIERTER VIRUS!
GEMEINSAM PRODUZIERN WIR 1 000 000 000 000 (= EINE BILLION) ANTIKÖRPER PRO TAG.

WENN DAS SO LÄUFT, DANN HAB' ICH IN DEM KÖRPER KEINE CHANCE.
SCHÖNER SCHxxx! UND DAS ALLES NUR WEGEN DER IMPFUNG?
YEPP.
DA BIN ICH JA FROH, DASS ES GEGEN MICH KEINEN IMPFSTOFF GIBT.

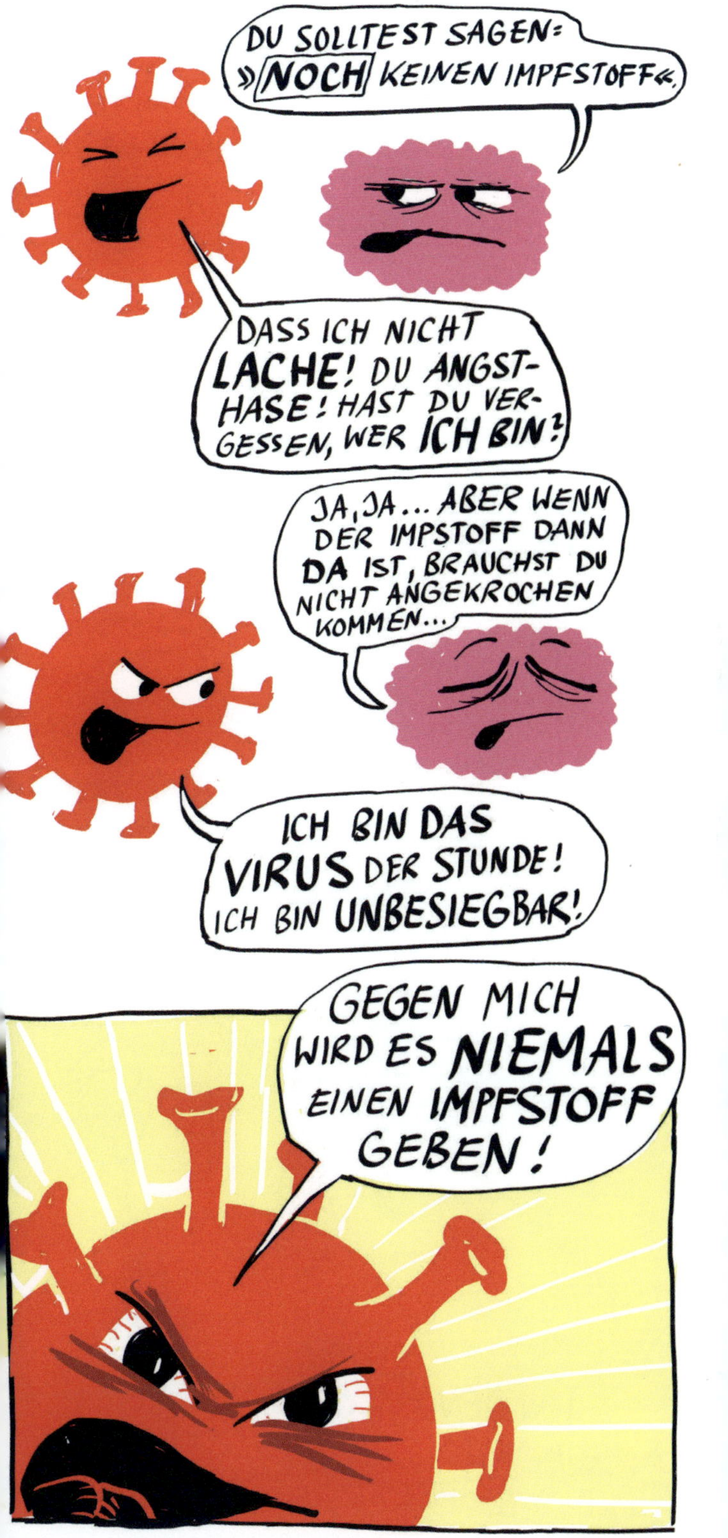
DU SOLLTEST SAGEN: »NOCH KEINEN IMPFSTOFF«.
DASS ICH NICHT LACHE! DU ANGST-HASE! HAST DU VER-GESSEN, WER ICH BIN?
JA, JA ... ABER WENN DER IMPSTOFF DANN DA IST, BRAUCHST DU NICHT ANGEKROCHEN KOMMEN ...
ICH BIN DAS VIRUS DER STUNDE! ICH BIN UNBESIEGBAR!
GEGEN MICH WIRD ES NIEMALS EINEN IMPFSTOFF GEBEN!

ACHTUNG! ACHTUNG!
VERPASSEN SIE NICHT DEN NEUEN AUFSEHENERREGENDEN FALL FÜR
AGENT V
MISSION CORONA
ZUM ERSTEN MAL MIT MR. NA ALS AGENT V
ALLES COOL?
-70°C.
SCHON BALD IM NÄCHSTEN IMPFZENTRUM!
VON DEN MACHERN VON »EIN IMPFSTOFF KOMMT SELTEN ALLEIN« UND »ES PIEKST NUR ZWEIMAL«

ENDE

Hinweis:
Die beschriebenen biologischen Abläufe sind vereinfacht dargestellt, entsprechen aber den tatsächlichen Vorgängen in unserem Körper. Ein Hoch auf die Immunabwehr!

Dieser Comic ist in Zusammenarbeit mit dem Jugendamt Kreis Groß-Gerau zwischen März und Dezember 2020 für die Website »helpkids« entstanden. Vorliegendes Heft ist eine leicht veränderte Fassung der digitalen Variante.

www.kreisgg.de/familie/helpkids

Vielen Dank an:
Christine Plenzig vom Jugendamt Kreis Groß-Gerau, ohne die es dieses Tagebuch nicht geben würde, *Robert Nippoldt* für seine Begeisterungsfähigkeit und Motivationskraft, *Martina Spicher* für ihr scharfes Auge, *Memi, Johanna, Lydia, Klara, Vincent, Johannes, Matthias* und *Elisabeth* fürs Testlesen, *Edmund Jacoby* für sein Vertrauen sowie *Christoph Goppel* und *Dr. Martin Goppel* für die kompetente fachliche Beratung.